Les Recettes préférées des enfants

Préface de Bixente Lizarazu

le cherche midi

Préface

À travers la Danone Nations Cup, la grande Coupe internationale de football des enfants, que j'ai choisi de parrainer, je sais l'importance que porte le Groupe DANONE au bien-être, à la santé et à l'éducation des enfants.

Alors, lorsque l'on m'a demandé de préfacer ce livre, je n'ai pas hésité : d'une part, la nutrition est évidemment pour moi un enjeu majeur, professionnel et personnel, d'autre part, né entre mer et montagne, dans un pays riche de traditions culinaires et de produits de terroir, je suis depuis toujours un amoureux du goût et des bonnes choses…

Inutile de dire que ce livre de recettes, fait par et pour les enfants, m'a séduit.

Pourquoi ? Parce que l'art culinaire est l'une des bases de nos cultures et qu'il est important qu'il se transmette dès le plus jeune âge, parce que la santé passe bien sûr par le sport, mais aussi par une nourriture saine et diversifiée, parce que le goût est un sens essentiel à la vie. Et quand ce sont les enfants qui en parlent…

Je tiens donc à féliciter les 50 petits chefs qui, à travers ce livre, n'ont pas hésité à transmettre leurs secrets gourmands et leur passion avec enthousiasme et en toute simplicité… Ça fait plaisir !

Merci aussi à tous ceux qui ont participé à ce concours et à ceux qui, demain, grâce à ce livre, se mettront à la cuisine pour le plaisir de toute la famille.

Alors, bon appétit à tous,

Bixente Lizarazu

Avant-propos très important

Mode d'emploi

1 Il n'y a pas que les grands qui savent faire la cuisine ! Toi aussi, tu peux faire des plats extra pour toute ta famille, et même des gros gâteaux pour tes amis ! Alors, suis bien nos conseils, et lance-toi !

2 Tout d'abord, choisis ta recette. Lis-la bien jusqu'au bout parce que tu peux avoir besoin de faire des choses à l'avance. Par exemple, il faut mettre les morceaux de poulet à mariner 1 heure avant de les cuire pour faire les Brochettes de poulet. Réunis tous les ingrédients et les ustensiles : cuillère, spatule, saladier, etc. Attention ! Il doit toujours y avoir un adulte disponible pour te conseiller et t'aider.

3 Pour savoir si la recette est facile, regarde les petits signes dessinés à côté du « clin d'œil du Groupe DANONE ». S'il y a une fourchette, la recette est très facile. S'il y a un couteau et une fourchette, c'est facile. S'il y a un couteau, une fourchette et une cuillère, c'est un petit peu plus difficile.

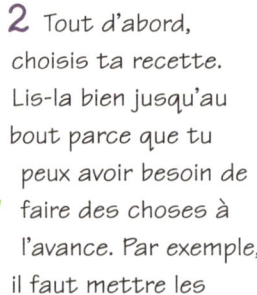

Fais bien attention !

Manipuler des ustensiles dans la cuisine peut être dangereux, un accident est si vite arrivé ! Tu dois agir avec prudence :

1 Demande à un adulte de t'aider quand il faut sortir le plat du four, c'est brûlant, ou d'allumer la gazinière. N'oublie pas que même une fois éteintes, les plaques électriques restent encore chaudes un moment.

2 Si tu utilises une poêle, protège-toi des éclaboussures : le beurre et l'huile sautent quand ils chauffent ! Tourne le manche de la poêle ou de la casserole vers l'intérieur de la cuisinière pour ne rien renverser.

3 Fais bien attention quand tu manipules des ustensiles tranchants ou pointus. Demande à un adulte de t'aider à couper et mouliner les aliments.

4 L'utilisation du mixeur, du batteur, de l'autocuiseur, est très délicate, alors laisse un adulte les manipuler ou fais-toi aider.

Et quelques conseils d'hygiène

Pour faire la cuisine, pense à être toujours propre, à bien te laver les mains, à remonter tes manches, à laver également les fruits et les légumes, à nettoyer le plan de travail avant de t'installer et à la fin de ta recette.

Et plus précisément :

1 Pense à mettre un tablier. Pour ressembler aux grands chefs, tu peux même te fabriquer une toque en carton avec du papier crépon blanc autour !

2 Lave-toi bien les mains avant de commencer et à la fin de ta recette.

3 Garde toujours quelques feuilles de papier absorbant à côté de toi. Tu peux t'essuyer les mains avec ou essuyer les taches et les éclaboussures.

Quatre repas valent mieux que trois !

Pour bien grandir, tu dois manger équilibré et varié : ça veut dire 4 repas par jour et manger de tout ! Tu as besoin d'énergie tout au long de la journée pour aller à l'école, faire du sport, dessiner ou jouer avec tes amis à la récré ! Pour cela, il faut respecter quelques règles.

1 Au petit déjeuner, tu dois manger des produits céréaliers (pain, biscottes, biscuits ou céréales), un produit laitier, un fruit ou un jus de fruits, et une boisson chaude (lait, chocolat, thé).

2 Au déjeuner, il te faut des protéines (viande, poisson ou œufs) avec des pâtes ou du riz, des légumes, un produit laitier (pour le calcium) et un fruit (pour les vitamines et les fibres). Par exemple, tu peux faire le *Lapin en papillotes* avec des pâtes fraîches. Un yoghourt et une pomme et le tour est joué ! Pense à boire de l'eau minérale avec ton repas.

3 Au goûter, tu peux manger un yoghourt avec des biscuits et un jus de fruits. Si tu préfères, tu peux aussi boire un chocolat chaud avec des tartines. Les *Croquets pour la récré* sont super bons au goûter avec une briquette de lait.

4 Au dîner, il faut des légumes, des sucres lents (pâtes, riz, pain), un produit laitier et un fruit. Tu peux faire la *Crème de tomates d'Orlane*, ou les *Tomates façon Kelly*. En dessert, les *Bananes en barque* ou les *Chaussons aux abricots* feront parfaitement l'affaire ! Comme au déjeuner, pense bien à boire de l'eau avec ton dîner.

*Sarah, 4 ans
Paris, 14ᵉ*

« Je suis une princesse ! Alors je me maquille, je mets des bijoux partout et je me déguise avec ma maman... Pour l'heure du goûter, j'aime bien préparer des gâteaux. Mais je suis comme mon grand frère, je préfère les faire que les manger. »

Sarahlade

**Pour 4 personnes
Préparation : 10 min**

1 tranche de jambon cuit de 150 g
150 g de comté
1 petit melon
2 avocats
1 sachet de mâche
10 tomates cerise
quelques croûtons
quelques feuilles de basilic, 1 peu d'ail
3 cuillerées à soupe d'huile d'olive
1 cuillerée à soupe de vinaigre de vin
sel, poivre

1 Coupe le jambon et le comté en dés. Ouvre le melon, retire les graines et les fibres, prélève la chair en petits dés ou en billes. Ouvre les avocats, dénoyaute-les et coupe leur chair en petits dés. Mets le tout dans un saladier avec la mâche, les tomates cerise et quelques petits croûtons.

2 Prépare la vinaigrette : dans un bol, fouette l'huile et le vinaigre avec un peu de sel et de poivre, incorpore le basilic finement ciselé et un peu d'ail.

3 Juste au moment de servir, verse la vinaigrette sur la salade et mélange bien.

Le clin d'œil du Groupe DANONE
Citronne les dés d'avocat pour les empêcher de noircir. Accompagnée de pain complet, cette Sarahlade t'apportera tout ce qu'il te faut : des protéines, du calcium, des fibres, des vitamines, des couleurs et des saveurs !

*David, 11 ans
Labrihe, Gers*

« Je chante "Notre-Dame de Paris" dans une chorale et, pour l'instant, je suis soprano ! Dans ma chambre, c'est plutôt rap et techno… Mais ce que je préfère, c'est le cirque. On en fait à l'école. Je me vois déjà acrobate ! »

Tomates de la forêt

Pour 4 personnes
Préparation : 10 min
Cuisson : 30 min

5 belles tomates bien rouges et fermes
20 cl de crème fraîche épaisse
1 boîte de champignons de Paris émincés
ou 150 g de champignons frais ou surgelés
sel, poivre

1 Préchauffe le four à 180 °C (thermostat 6). Lave les tomates et coupe-leur un chapeau. Vide-les à l'aide d'une petite cuillère.

2 Répartis la crème fraîche dans les tomates, puis remplis-les avec les champignons. Sale et poivre. Pose les chapeaux.

3 Mets les tomates dans un plat au four, enfourne à mi-hauteur et fais cuire 30 min.

Le clin d'œil du Groupe DANONE
Servies avec un poulet rôti, puis un yoghourt et les Bananes en barque d'Olivier (p. 98), voici un repas très équilibré !

*Erwan, 8 ans
Draveil, Essonne*

« Dans l'impasse où j'habite,
il y a vingt-quatre maisons. Alors Halloween,
c'est pas du cinéma : les bonbons,
les citrouilles sur le palier,
et surtout la Soupe de sorcière...
C'est la seule que je peux avaler,
elle est toute sucrée, mmmh ! »

Soupe de sorcière

**Pour 4 personnes
Préparation :** 20 min
Cuisson : 40 min

1 mini-potiron
1 oignon
1 cuillerée à soupe
d'huile d'olive
25 cl de lait
sel, poivre
noix de muscade
10 cl de crème fraîche
épaisse

1 Avec l'aide de ton papa, coupe un chapeau au potiron et creuse-le pour récupérer la chair sans abîmer l'écorce.

2 Pèle l'oignon, coupe-le en tranches fines, coupe la chair du potiron en cubes, fais revenir le tout 15 min à l'huile dans une cocotte, sur feu doux. Ajoute 50 cl d'eau, le lait, le sel, le poivre, et un peu de noix de muscade. Fais cuire 20 min (ou demande à ta maman de faire cuire à l'autocuiseur, ce qui va plus vite).

3 Quand la soupe est cuite, mouline-la au-dessus d'une casserole, ajoute la crème fraîche, délaye, fais réchauffer et verse la soupe dans l'écorce de potiron qui va servir de soupière. Frissons garantis !

**Le clin d'œil
du Groupe DANONE**
Sais-tu pourquoi cette soupe est orange ? C'est le bêta-carotène, excellent pour la croissance et la vue, qui a cette couleur : plus c'est orange, plus il y a de bêta-carotène ! Cette sorcière-là nous fait du bien !

Alix, 3 ans
Bouquetot, Eure

« Je touche à tout : cuisine, jardinage, toboggan, peinture aux doigts, gommettes. Je ne suis jamais fatiguée ! J'en connais un par contre… C'est Palin, mon lapin. J'ai l'impression qu'il n'arrive pas à me suivre ces temps-ci… »

Petits roulés d'Alix

Pour 4 personnes
Préparation : 10 min

4 tranches de jambon cuit pas trop fines
4 portions de chèvre mou ou de fromage facile à étaler, ou même de fromage à tartiner

1 Retire la couenne et le gras sur les tranches de jambon et la croûte sur le fromage.

2 Répartis le fromage sur les tranches de jambon et étale-le à l'aide d'un couteau à bout rond.

3 Roule les tranches de jambon tartinées sur elles-mêmes, pour former des petits rouleaux très serrés. Coupe-les en petits tronçons. Pour que ce soit plus facile, c'est mieux de rincer et d'essuyer le couteau à chaque fois. Plante une pique à apéritif dans chaque roulé et dispose-les sur un plat de service.

Le clin d'œil du Groupe DANONE
Tu peux aussi parsemer sur le fromage des petits morceaux de noix ou des herbes avant de rouler les tranches, et accompagner ces petits roulés avec la *Liqueur de coccinelle de Mélody* (p. 104) pour l'apéritif. Mmmh !

Marine, 10 ans
Aix-en-Othe, Aube

« Quand je serai grande, je serai chorégraphe. Ou cuisinière. J'hésite encore... Pour l'instant, je fais mes petites pizzas toute seule. Un petit tour dans le jardin et hop, des fleurs pour la déco, des carottes pour la couleur, les assiettes sont prêtes ! »

Pizzas minute

Pour 20 mini pizzas
Préparation : 10 min
Cuisson : 10 à 15 min

20 tranches de pain de mie
4 belles tomates
200 g d'emmental râpé
huile d'olive
sel, poivre

1 Préchauffe le four à 180 °C (thermostat 6). Sur chaque tranche de pain, étale une cuillerée à café d'huile d'olive avec un couteau à bout rond. Coupe les tomates en rondelles, disposes-en une sur chaque tranche, sale, poivre et parsème d'emmental râpé.

2 Dispose les tranches de pain sur la grille du four, enfourne à mi-hauteur et fais cuire 10 à 15 min jusqu'à ce que le fromage soit bien fondu et doré.

3 Sers les pizzas juste au sortir du four.

Le clin d'œil du Groupe DANONE
Pour un repas simple et équilibré, accompagne ces petites pizzas d'une tranche de jambon blanc, avec une salade de fruits frais en dessert.

Camille, 5 ans
Nice, Alpes-Maritimes

« J'ai une sœur jumelle, Ilona, et un petit frère qui prend tout le temps ma trottinette. Je suis chez les grands en maternelle et je sais déjà faire les lettres attachées. »

Taboulé

Pour 4 personnes
Préparation : 30 min
Repos : 1 h

250 g de semoule
à grain moyen
(graines de couscous)
3 citrons
4 tomates
1 oignon blanc
4 branches de persil
plat
1 branche de menthe
fraîche
10 cl d'huile d'olive
sel

1 Verse la semoule dans un saladier. Arrose-la avec 25 cl d'eau légèrement salée, laisse gonfler pendant 1 heure.

2 Au bout de ce temps, ajoute le jus des citrons et mélange. Pèle les tomates et coupe-les en dés, pèle l'oignon et hache-le, cisèle les herbes.

3 Ajoute le tout à la semoule ainsi que l'huile d'olive et un peu de sel si nécessaire (il faut goûter), mélange bien. Garde le taboulé au frais jusqu'au moment de servir.

Le clin d'œil du Groupe DANONE
Mange ce Taboulé avec des brochettes ou du blanc de poulet, ensuite un morceau de fromage, puis une grande salade de fruits frais, et le tout est parfaitement équilibré.

Hugo, 3 ans 1/2
Brax, Haute-Garonne

« Je suis un gastronome en culottes courtes.
Quand maman a des invités,
je plante des tomates cerise et des bouts
de gruyère sur des piques pour l'apéritif.
C'est pas toujours facile avec mon masque
de Zorro, mais c'est plus rigolo ! »

Petits carrés sucrés-salés

**Pour 4 personnes,
4 carrés**
Préparation : 20 min
Cuisson : 20 min

1 rouleau de pâte
fraîche feuilletée
1 bûche de chèvre
4 cuillerées à café
de miel liquide
1 jaune d'œuf
sel, poivre

1 Préchauffe le four à 180 °C (thermostat 6). Étale et coupe la pâte feuilletée, en forme de carré. Recoupe ce carré en 4 carrés égaux.

2 Retire les deux entames du fromage, coupe 12 rondelles. Disposes-en 3 sur chaque carré de pâte et ajoute une cuillerée à café de miel sur chaque tas. Sale et poivre. Replie les 4 coins de la pâte sur le dessus en mouillant avec un peu d'eau et en pinçant pour que ça colle bien.

3 Mets les carrés sur la tôle du four, badigeonne-les au pinceau avec un jaune d'œuf mélangé avec un peu d'eau ou de lait, enfourne à mi-hauteur et laisse cuire 20 min. Sers bien chaud.

**Le clin d'œil
du Groupe DANONE**
Une idée : tu peux les préparer pour l'apéritif de tes parents. Coupe la pâte en 4 carrés puis chaque carré en 4 carrés (donc 16 en tout) et mets une seule petite rondelle de chèvre et une touche de miel.

Orlane, 9 ans
Dole, Jura

« Entre mes cours de théâtre, de judo et mes "Harry Potter", j'adore préparer cette soupe ! C'est maman qui m'a appris à la faire, elle-même l'avait apprise de sa maman, qui l'avait apprise de sa maman, qui... »

Crème de tomates d'Orlane

Pour 6 personnes
Préparation : 20 min
Cuisson : 35 min

500 g de tomates
1 oignon
1 carotte
1 pomme de terre
1 petite branche de céleri
2 branches de persil
1 cube de bouillon
50 g de beurre
sel, poivre

1 Pèle l'oignon et la carotte, coupe-les en fines tranches et fais-les colorer légèrement dans une cocotte avec le beurre.

2 Ajoute les tomates pelées et coupées en dés, 2 litres d'eau, la pomme de terre pelée et coupée en cubes, le céleri coupé menu, le persil haché, le cube de bouillon, le sel et le poivre. Porte à frémissement et laisse cuire 30 min (ou bien demande à ta maman de faire cuire à l'autocuiseur, ce qui va plus vite).

3 Quand la crème de tomates est cuite, passe-la au moulin à légumes au-dessus d'une soupière. Sers-la bien chaude.

Le clin d'œil du Groupe DANONE
Une bonne assiette de soupe avec une tranche de jambon ou un œuf à la coque (ou les deux, pour les affamés), un dessert lacté, et le tour est joué ! Voici un repas sain et délicieux pour un dimanche soir en famille.

*Jérémie, 8 ans
Roquebrune-Cap-Martin, Alpes-Maritimes*

« À l'école, on a fait une "classe de goût" avec la maîtresse pendant deux semaines. C'était génial. J'adore la campagne, mon frère Joël et mes grands-parents. Et à la maison, je joue à des jeux vidéo avec mes copains. »

Petits poissons de saumon fumé

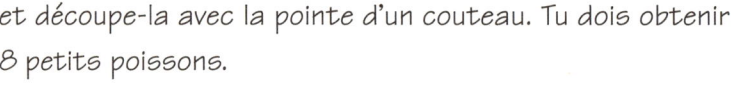

**Pour 4 personnes
Préparation :** 20 min
Cuisson : 20 min

Forme de petit poisson à découper (p. 110)
1 rouleau de pâte fraîche feuilletée
2 tranches de saumon fumé
250 g de fromage blanc en faisselle égoutté
10 cl de crème fraîche épaisse
persil, aneth, ciboulette
1 citron
sel, poivre

Le clin d'œil du Groupe DANONE
Tu peux décorer les petits poissons avec un grain de poivre pour l'œil et dessiner au couteau les écailles.

1 Préchauffe le four à 180 °C (thermostat 6). Étale la pâte feuilletée. Pose la forme de petit poisson, et découpe-la avec la pointe d'un couteau. Tu dois obtenir 8 petits poissons.

2 Mets les petits poissons sur la grille du four recouverte de papier sulfurisé, enfourne à mi-hauteur, laisse cuire 20 min. Dans un saladier, bats le fromage blanc avec la crème fraîche, le sel et le poivre. Ajoute une partie des herbes ciselées. Coupe le saumon en 8 morceaux.

3 Étale la moitié du mélange obtenu sur 4 petits poissons, pose un morceau de saumon, puis étale le reste de fromage aux herbes, puis encore un morceau de saumon, une rondelle de citron et le reste des herbes. Sur chacun, pose un petit poisson en chapeau.

Kelly, 3 ans
Limas, Rhône

« Je suis encore toute petite mais je sais déjà faire semblant de conduire le tracteur de mon papa. Ce que je préfère, c'est nourrir mes poules et ramasser les œufs. J'aime bien aussi cueillir les pommes et les poires dans le jardin pour que maman fasse des tartes. »

Tomates façon Kelly

Pour 4 personnes
Préparation : 10 min
Cuisson : 15 min

4 tomates fermes
4 œufs moyens
20 cl de crème fraîche épaisse
6 branches de persil plat ou quelques brins de ciboulette
sel, poivre

1 Préchauffe le four à 180 °C (thermostat 6). Coupe un chapeau aux tomates et vide-les avec une petite cuillère sans les percer.

2 Dans un saladier, mélange la crème fraîche avec le persil haché (ou la ciboulette ciselée), le sel et le poivre. Répartis-la dans les tomates, puis casse un œuf dans chacune d'elles.

3 Mets les tomates dans un plat à four, enfourne à mi-hauteur et fais cuire 15 min. Sers aussitôt.

Le clin d'œil du Groupe DANONE
Pour un repas équilibré et facile à faire, tu peux accompagner les tomates d'une purée de pommes de terre avec du gruyère râpé, et en dessert, une compote de pommes.

*Jordane, 7 ans
Saint-Hilarion, Yvelines*

*« J'adore les étoiles et les dinosaures !
C'est super mystérieux ! Les champignons,
eux, n'ont plus de secret pour moi ;
je les connais par cœur parce que
j'en ramasse plein dans la forêt
à côté de chez moi. »*

Croque-bonhomme

**Pour 4 personnes
Préparation :** 10 min
Cuisson : 10 min

8 tranches de pain
de mie
80 g de beurre
4 tranches de jambon
cuit (jambon blanc)
sans couenne
100 g d'emmental râpé
sel, poivre

1 Préchauffe le four à 240 °C (thermostat 8). Tartine les tranches de pain avec le beurre. Coupe chaque tranche de jambon en deux et poses-en une moitié sur chaque tranche de pain.

2 Répartis le fromage râpé sur le jambon. Sale et poivre.

3 Superpose les tranches garnies deux par deux et dispose-les sur la grille du four. Enfourne à mi-hauteur et fais cuire et gratiner les croque-bonhomme 10 min environ, jusqu'à ce qu'ils soient bien dorés.
(On peut aussi les faire cuire 5 min seulement sous le gril sans faire préchauffer le four, mais ça les dessèche un peu.)

**Le clin d'œil
du Groupe DANONE**
Pour accompagner ce Croque-bonhomme, tu peux manger par exemple la *Crème de tomates d'Orlane* (p. 22)… Un fruit frais pour le dessert et ce sera délicieux !

*Thymiane, 5 ans
Metz, Moselle*

« Je suis coquine parce que je dis "non" tout le temps. Il paraît que ce n'est pas facile pour mes parents... Alors je danse sur "Banana Split" très fort et ils se mettent à rire ! »

Tortilla de Titi

Pour 4 personnes
Préparation : 10 min
Cuisson : 15 min

8 œufs
2 petites tranches de jambon blanc de 150 g
2 belles tomates
1 courgette
herbes de Provence
20 g de beurre
sel, poivre

1 Coupe le jambon en fines lanières. Lave la courgette, coupe-la en dés, mets-les dans une poêle avec 2 cuillerées à soupe d'eau, fais-les cuire 5 min et enlève l'eau s'il en reste.

2 Coupe les tomates en dés, ajoute-les dans la poêle ainsi que le beurre, fais fondre 5 mn en mélangeant, puis ajoute une pincée d'herbes et le jambon. Mélange.

3 Bats les œufs en omelette avec le sel et le poivre. Verse dans la poêle et fais cuire le tout. Sers bien chaud.

Le clin d'œil du Groupe DANONE
Cette Tortilla est savoureuse accompagnée de quelques coquillettes avec du gruyère râpé (pour le calcium et pour le goût), puis en dessert une petite compote de pêche ou de poire.

Clémentine, 10 ans
Perpignan, Pyrénées-Orientales

« J'adore aller à la piscine. Je saute dans l'eau et je nage longtemps. Plus tard, je voudrais dresser des dauphins ! À la maison, je joue sur l'ordinateur de mes parents et je fais des jeux de société avec mes amis. »

Tourte du petit pêcheur

Pour 4 personnes
Préparation : 20 min
Cuisson : 45 min

2 rouleaux de pâte fraîche feuilletée
6 échalotes
1 bouquet de persil plat
2 biscottes
2 œufs + 1 jaune d'œuf
700 g de saumon frais sans arêtes
20 cl de crème fraîche épaisse
1 citron
sel, poivre

1 Préchauffe le four à 180 °C (thermostat 6). Garnis un moule à tarte avec un rouleau de pâte feuilletée. Fais cuire 10 mn le saumon dans l'eau bouillante. Dans un plat creux, mélange les échalotes et le persil hachés, les biscottes émiettées, 2 œufs, le saumon, le sel et le poivre. Puis étale sur la pâte.

2 Pose le deuxième rouleau de pâte par-dessus. Colle les bords ensemble avec un peu d'eau, bats le jaune d'œuf et badigeonnes-en la pâte. Fais un trou au milieu et glisses-y une petite cheminée de papier épais roulé. Enfourne à mi-hauteur et fais cuire 45 min.

3 Prépare la sauce : dans un bol, bats la crème avec le jus du citron, le sel et le poivre. Retire la tourte du four, retire la cheminée, verse la sauce par le trou, incline la tourte pour répartir la sauce et sers bien chaud.

Le clin d'œil du Groupe DANONE
Cette tourte est un plat très gourmand, à réserver pour les grandes occasions !

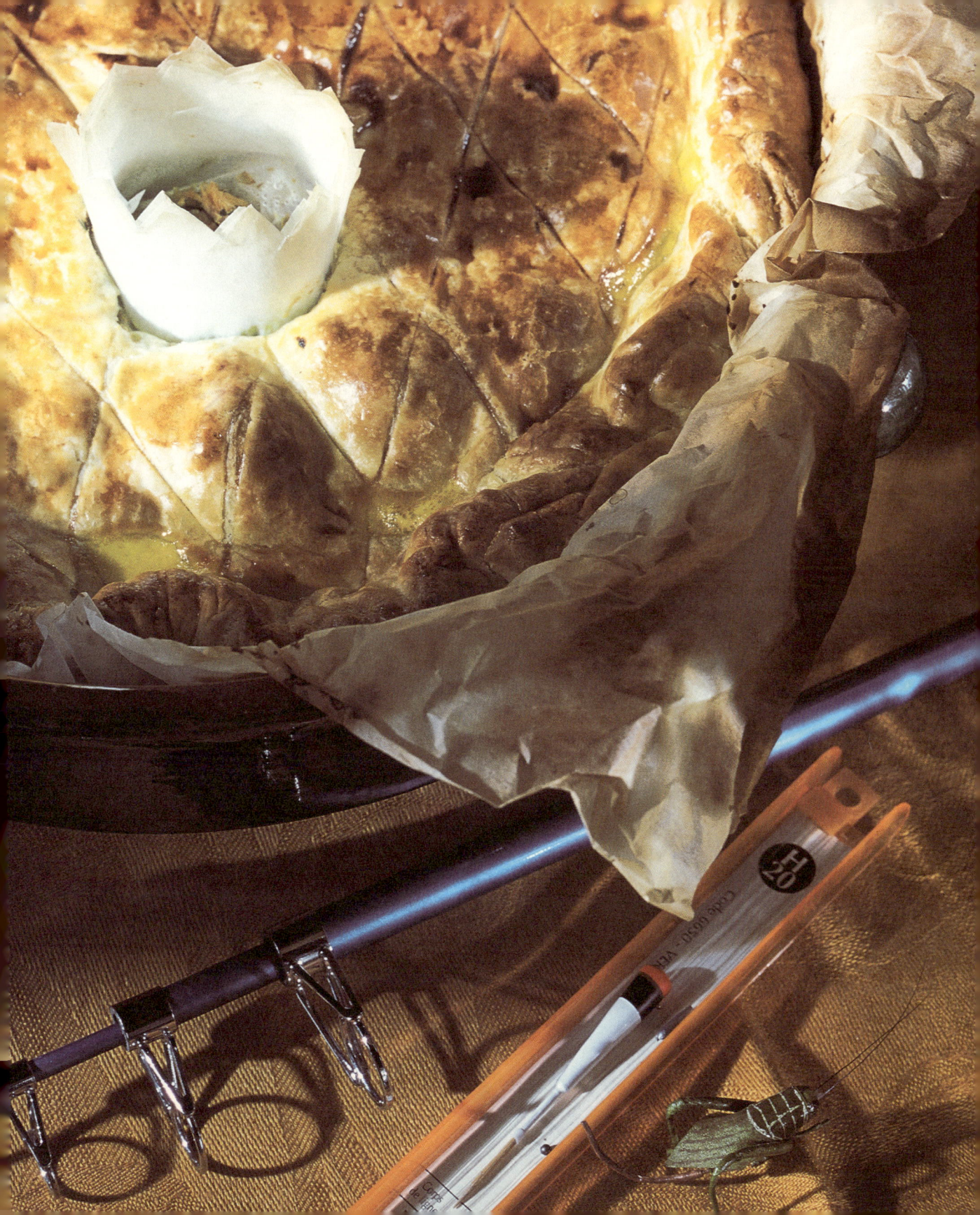

Marina, 7 ans
Fosses, Val-d'Oise

« J'adore les poupées, les dessins animés et la comédie musicale "Roméo et Juliette" : c'est romantiiique ! Je joue aussi à la maîtresse et au docteur avec mon petit frère et mes copains de l'école. »

Brochettes de poulet mariné

Pour 4 personnes
Préparation : 20 min
Marinade : 30 min
Cuisson : 15 min

4 blancs de poulet
1 boîte de litchis
1 poivron rouge
3 cuillerées à soupe de sauce soja
3 cuillerées à soupe de miel liquide
1/2 cuillerée à soupe de jus de citron

1 Mélange la sauce soja, le miel et le jus de citron dans un plat creux.
Coupe les blancs de poulet en cubes, mets-les dans la marinade et laisse 30 min en mélangeant souvent.

2 Fais tremper 8 brochettes en bois dans de l'eau froide.
Préchauffe le four à 180 °C (thermostat 6).
Épépine le poivron et coupe-le en triangles.
Prépare les brochettes en alternant cubes de poulet, litchis égouttés et poivron.

3 Dispose les brochettes sur la tôle du four, enfourne à mi-hauteur et laisse cuire 15 min en les faisant pivoter et en les arrosant de marinade toutes les 5 min.

Le clin d'œil du Groupe DANONE
Avec ces brochettes accompagnées de riz blanc puis un yoghourt à la noix de coco ou aux fruits exotiques, voici un vrai repas asiatique !

Thomas, 7 ans
Viriat, Ain

« L'école, j'adore pas. Je préfère le bricolage, mes CD-Roms, les jeux de société... Et le judo bien sûr ! J'ai déjà quatre médailles ! J'aime bien soigner mes deux poneys qui sont très doux avec mon petit frère. »

Lapin en papillotes

Pour 4 personnes
Préparation : 20 min
Cuisson : 45 min

1 lapin coupé en morceaux
1 filet d'huile d'olive
herbes de Provence fraîches (thym, sarriette, serpolet)
sel, poivre

Le clin d'œil du Groupe DANONE
La cuisson en papillotes est très saine et la suggestion d'accompagnement de Thomas parfaite. Un yoghourt ou un morceau de fromage, puis les Oranges caramélisées de Mathilde (p. 62), et voilà un menu très équilibré.

1 Préchauffe le four à 180 °C (thermostat 6). Coupe autant de carrés d'aluminium ménager qu'il y a de morceaux de lapin. Sur chacun d'eux pose un morceau de lapin, mets du sel et du poivre. Ajoute un tout petit filet d'huile d'olive et parsème d'un peu d'herbes de Provence. Rabats les côtés des morceaux d'aluminium pour former des papillotes hermétiques.

2 Dispose les papillotes dans un plat à four, enfourne à mi-hauteur et laisse cuire 45 min.

3 Accompagne ces papillotes de pâtes fraîches, c'est très bon.

Hugo, 8 ans
Villeneuve-de-la-Raho, Pyrénées-Orientales

« Quand j'étais tout petit, on m'appelait "Brutus". C'est vrai que j'adore le cheval, la plongée, le judo... Mais je ne suis pas toujours turbulent ! Quand je cuisine, je fais très attention. Et je n'ai jamais raté une recette. »

Galettes complètes à l'œuf et au jambon

Pour 4 personnes
Préparation : 20 min
Cuisson : 5 à 7 min

4 galettes de sarrasin (blé noir)
4 fines tranches de jambon blanc
4 œufs
100 g de fromage râpé
100 g de beurre
sel, poivre

1 Étale les galettes sur le plan de travail. Sur chacune d'elles, dispose une tranche de jambon, puis casse un œuf au milieu, sale et poivre. Parsème de fromage râpé et de 2 ou 3 noisettes de beurre. Replie le bord des galettes sur le dessus, comme une enveloppe fermée.

2 Fais fondre le reste de beurre dans une grande poêle sans le laisser noircir. Disposes-y les galettes avec précaution. Fais-les cuire 5 min environ jusqu'à ce que les œufs soient cuits.

3 Retire les galettes de la poêle sans le beurre de cuisson à l'aide d'une écumoire.

Le clin d'œil du Groupe DANONE
Un plat qui mérite bien son nom : les galettes pour les céréales (des glucides), les œufs pour les protéines et le fromage pour le calcium. Avec une compote, c'est idéal !

*Alexandre, 8 ans
Maurepas, Yvelines*

« Avec mes deux frères, je fais beaucoup de jeux de société et de Baby-foot. Quand je me retrouve tout seul, j'aime bien la lecture et ma "collec" de jeux vidéo. Mais j'aide aussi ma maman à faire la cuisine. »

Cake au thon et aux olives

Pour 4 personnes
Préparation : 20 min
Cuisson : 40 min

300 g de thon au naturel
100 g d'olives vertes ou noires dénoyautées
100 g d'emmental râpé
100 g de farine
1 sachet de levure
3 œufs
10 cl de lait
10 cl d'huile
beurre, farine

1 Préchauffe le four à 210 °C (thermostat 7). Mélange la farine et la levure dans un saladier, fais un trou au milieu, casses-y les œufs et mélange peu à peu avec le lait, puis avec l'huile. Incorpore le thon égoutté et émietté, les olives égouttées et le fromage râpé.

2 Verse la préparation dans un moule à cake beurré et fariné. Enfourne à mi-hauteur et laisse cuire 40 min.

3 Démoule le cake avec l'aide d'une grande personne sur une grille juste au sortir du four et laisse refroidir complètement avant de déguster.

Le clin d'œil du Groupe DANONE
Accompagné d'une salade (verte, d'endives ou de tomates) et avec des fruits frais pour le dessert, ce plat est idéal pour un pique-nique pratique. Il y a tout dans ce cake : des protéines, du calcium, de l'énergie et du goût !

Fulvia, 11 ans
Le Gué-de-Longroi, Eure-et-Loire

« Je parle trois langues : français, portugais et italien. Côté cuisine, j'ai choisi mon camp : j'adore surtout préparer les petits gâteaux aux amandes. Mais j'aime aussi danser et jouer au Uno parce que je gagne toujours. »

Escalopes tricolores

Pour 4 personnes
Préparation : 10 min
Cuisson : 7 min

12 petites escalopes de veau de 50 g bien aplaties par le boucher
6 tranches de jambon de Parme
12 feuilles de basilic
10 cl de crème fraîche épaisse
40 g de beurre
sel, poivre

1 Sale et poivre les escalopes sur leurs deux faces. Coupe les tranches de jambon en deux, dispose une moitié sur chaque escalope, puis pose une feuille de basilic. Épingle chaque tas à l'aide d'une pique en bois.

2 Fais chauffer le beurre dans une poêle, mets-y les escalopes côté jambon, puis fais-les cuire 3 min par face, sur feu moyen.

3 Retire-les de la poêle, mets-les sur un plat. Verse la crème dans la poêle, sale et poivre, fais bouillir 1 min en grattant à la spatule et quand la sauce est veloutée, nappes-en les escalopes.

Le clin d'œil du Groupe DANONE
Une recette idéale pour les sportifs en herbe car riche en protéines. À accompagner de pâtes. Pour le dessert, selon la saison, mélange des morceaux de fraises ou de pommes avec un fromage blanc nature et tu auras ton plein d'énergie.

Antoine, 10 ans
La Celle-Saint-Cloud, Yvelines

« Je fais du roller et je joue au rugby au Stade français comme les grandes stars... Mais j'aime bien aussi jouer à l'ordinateur et au Monopoly. »

Macaronis au lit

Pour 4 personnes
Préparation : 20 min
Cuisson : 30 à 35 min

250 g de pâtes au choix mais plutôt à trous (coquillettes, penne, macaronis torsadés, etc.)
80 g de beurre
1 mozzarella (200 g)
sel, poivre

1 Préchauffe le four à 210 °C (thermostat 7). Fais cuire les pâtes choisies à l'eau bouillante salée le temps nécessaire (suis les instructions du paquet), puis égoutte-les. Mets-les dans un saladier avec 40 g de beurre, le sel, le poivre, et mélange bien.

2 Beurre un plat à gratin (20 g). Étales-y les pâtes en couche. Coupe la mozzarella en petits dés et parsème-les à la surface des pâtes, ainsi que le reste de beurre en petites noisettes.

3 Enfourne à mi-hauteur et laisse gratiner 20 min.

Le clin d'œil du Groupe DANONE
Tu peux manger les Macaronis au lit avec la Sarahlade (p. 8) en entrée ainsi que les Poires hérissons (p. 66) en dessert.

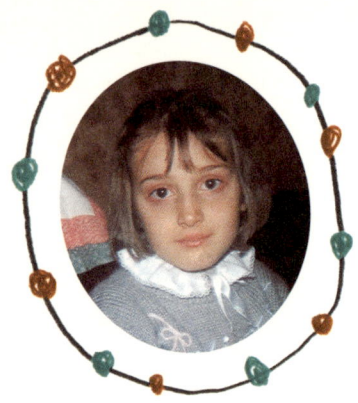

*Julie, 8 ans
Annonay, Ardèche*

« J'aime bien les activités avec mes copines, comme les cours de danse et de théâtre. À la maison, je fais la cuisine et je joue sur l'ordinateur. Plus tard, je voudrais devenir professeur. »

Petite pêche aux cornichons

**Pour 6 personnes
Préparation :** 20 min
Cuisson : 15 min

120 g de riz à cuisson rapide
3 filets de merlan, limande ou cabillaud
3 filets de saumon
10 cl de crème fraîche épaisse
1 cuillerée à soupe de moutarde
50 g de cornichons
20 g de beurre
sel, poivre

1 Préchauffe le four à 210 °C (thermostat 7). Beurre un plat à four et étales-y le riz cru en couche. Dispose les filets de poisson par-dessus, pliés en deux, en alternant les filets blancs et les filets roses.

2 Dans un bol, mélange la crème fraîche, la moutarde, les cornichons hachés, le sel et le poivre. Verse régulièrement sur le poisson.

3 Enfourne à mi-hauteur et fais cuire 20 min : le riz gonfle en absorbant la sauce.

Le clin d'œil du Groupe DANONE
Il suffit d'apporter à ce plat du calcium avec un morceau de fromage et des vitamines et des fibres avec un fruit frais pour en faire un très bon repas sur le plan nutritionnel.

*Mathieu, 9 ans
Colomiers, Haute-Garonne*

« Je fais du roller street, c'est du roller acrobatique avec plein de cascades et de sauts dans les escaliers... Et puis, je suis passionné par les chevaliers du Moyen Âge, alors j'ai plein de livres et de cassettes sur cette époque. »

Pizza papillon

**Pour 4 personnes
Préparation :** 30 min
Repos : 1 h
Cuisson : 30 min

250 g de farine à pizza
1 sachet de levure
6 cuillerées à soupe d'huile d'olive
1 boîte de coulis de tomates
1 petite boîte de champignons en lamelles
1 saucisse de Strasbourg
2 tomates
1 mozzarella
sel

Le clin d'œil du Groupe DANONE
Une part de Pizza papillon puis un petit bol de fromage blanc mélangé avec des morceaux de fruits frais, et ton repas complet est prêt !

1 Dans un plat creux, verse la farine, une pincée de sel, la levure, l'huile et 20 cl d'eau. Pétris la pâte jusqu'à obtention d'une pâte homogène qui se décolle et laisse-la reposer 1 heure.

2 Préchauffe le four à 210 °C (thermostat 7). Pétris à nouveau la pâte, divise-la en 4 boules, farine-les et aplatis-les en forme d'ailes de papillon sur la plaque du four en les collant au milieu avec un peu d'eau tiède. Étale le coulis de tomates sur les ailes, et décore-les avec la saucisse et les tomates en rondelles, les champignons égouttés et la mozzarella en dés.

3 Enfourne à mi-hauteur et fais cuire 30 min. Sers bien chaud.

Valentin, 8 ans
La Celle-Saint-Cloud, Yvelines

« J'adore les plats bien consistants. Surtout les spaghettis qu'on mange après un match de foot avec les copains ! J'aime bien faire rire les gens et, depuis que je suis tout petit, on m'appelle "le clown". »

Escalopes biscottées

Pour 4 personnes
Préparation : 10 min
Cuisson : 15 min

4 escalopes de veau
de 120 g
2 œufs
12 biscottes
80 g de beurre
1 cuillerée à soupe
d'huile de tournesol
1 citron
sel, poivre

Le clin d'œil du Groupe DANONE
Pour accompagner ces escalopes panées aux céréales – oui, les biscottes, c'est plein de céréales ! – tu peux manger une ratatouille ou des pois gourmands (c'est plus original), puis un yoghourt et une tranche d'ananas pour le dessert.

1 Casse les œufs dans une assiette creuse et bats-les en omelette avec le sel et le poivre. Écrase les biscottes en miettes au rouleau à pâtisserie, étale-les sur une assiette plate.

2 Mets le beurre et l'huile dans une poêle, sur feu moyen. Trempe les escalopes dans les œufs battus, sur leurs deux faces, puis passe-les dans les biscottes, des deux côtés, en appuyant pour faire adhérer.

3 Mets les escalopes dans la poêle et fais-les cuire 7 min par face. Quand elles sont cuites, dresse-les sur un plat sans la matière grasse de cuisson et décore avec des quartiers de citron.

Florian, 8 ans
Caen, Calvados

« On dit que je suis calme… Je suis surtout très sportif. Avec mes dix séances par semaine de patinage, je serai bientôt un pro de la glace ! En attendant, je suis surtout le chef de l'omelette à la cancoillotte. »

Omelette pas bête

1 Fais fondre la cancoillotte dans une petite casserole, sur feu doux, jusqu'à ce qu'elle soit liquide (ou bien 1 min au micro-ondes dans un saladier). Verse-la dans un saladier, casses-y aussitôt un œuf et mélange au fouet. Ajoute les autres œufs un à un en fouettant.

2 Lave les tomates et coupe-les en morceaux. Fais fondre le beurre dans une poêle, ajoute les tomates et fais-les revenir 5 min.

3 Verse le contenu du saladier sur les tomates et fais cuire jusqu'à ce que les œufs soient cuits, en mélangeant régulièrement. Sers l'omelette bien chaude.

Pour 4 personnes
Préparation : 10 min
Cuisson : 10 min

4 œufs
4 tomates
100 g de cancoillotte
(qui est un mélange de fromages fondus, une spécialité de Franche-Comté)
ou 100 g de Vache qui rit si tu n'aimes pas les fromages forts
30 g de beurre
sel, poivre

Le clin d'œil du Groupe DANONE

Cette omelette porte bien son nom car il y a des protéines (grâce aux œufs) et du calcium (grâce à la cancoillotte). Avec un peu de pain et une salade verte, puis un fruit : voici un repas malin.

Patrick, 11 ans
Hyères, Var

« J'aime la nature et les animaux.
J'habite la moitié du temps en Martinique
et l'autre moitié à Hyères.
J'adore nager et surtout jouer
sur l'ordinateur. »

Courgettes gratinées au jambon fumé

Pour 4 personnes
Préparation : 10 min
Cuisson : 40 min

4 courgettes moyennes
150 g de jambon fumé
100 g de riz blanc long grain à cuisson rapide
20 cl de crème fraîche liquide
20 cl de crème fraîche liquide légère
50 g d'emmental râpé
sel, poivre

1 Préchauffe le four à 210 °C (thermostat 7). Lave les courgettes, pèle-les en laissant une bande de peau sur deux dans la longueur, puis coupe-les en rondelles fines. Hache le jambon.

2 Étale le riz cru dans le fond du plat. Parsème avec le jambon et recouvre avec les courgettes, en salant et poivrant entre chaque couche. Verse régulièrement les deux sortes de crème par-dessus et parsème le fromage en surface.

3 Enfourne à mi-hauteur et laisse cuire 40 min. Sers aussitôt.

Le clin d'œil du Groupe DANONE
Ce plat t'apporte tout ce qu'il te faut : des légumes pour les fibres, des féculents pour l'énergie, du jambon pour les protéines et du fromage pour le calcium. Une bonne orange en dessert pour les vitamines et c'est parfait !

Grégory, 7 ans
Paris, 12ᵉ

« Ce que je préfère, c'est la piscine et le judo. À la maison j'adore cuisiner, alors je suis drôlement content d'être dans ce livre. Mon petit frère Morgan aussi, il aurait bien aimé. Mais bon, il n'a que 6 mois. »

Hachis Parmentier

Pour 4 personnes
Préparation : 30 min
Cuisson : 20 à 25 min

1 kg de pommes
de terre à purée
400 g de bœuf haché
bouilli ou rôti
(ou de steak haché)
75 cl de lait entier
80 g de beurre + 20 g
pour le plat
sel

Le clin d'œil du Groupe DANONE
La pomme de terre est un glucide dit « lent », qui apporte de l'énergie diffusée progressivement dans l'organisme.
Sais-tu qui a répandu la culture de la pomme de terre en France il y a 300 ans ? Eh bien, c'est monsieur Parmentier !

1 Mets les pommes de terre pelées, lavées et coupées en morceaux dans une casserole d'eau froide salée, porte à frémissement 20 min. Fais chauffer le lait.

2 Préchauffe le four à 210 °C (thermostat 7). Égoutte les pommes de terre et écrase-les en purée dans un saladier en délayant avec le lait chaud. Incorpore 50 g de beurre et un peu de sel en battant.

3 Beurre un plat à four (20 g). Étale la moitié de la purée dans le plat, puis fais une couche avec le hachis ou le steak cru et recouvre de purée. Parsème le reste de beurre en petites noisettes. Enfourne à mi-hauteur et laisse cuire 20 à 25 min. Sers brûlant.

Maëva, 10 ans 1/2
Nice, Alpes-Maritimes

« Avec mes chats Minette et Minet, on est passionnés de Formule 1. Moi, j'ai vu Schumacher au prix de Monaco ! J'adore aussi cuisiner et trouver des idées de décoration pour chaque plat. »

Ronde des souris

Pour 6 personnes
Préparation : 30 min
Repos : 1 h
Cuisson : 35 min

1 rouleau de pâte fraîche brisée
200 g de chocolat noir
30 cl de crème fraîche épaisse
3 jaunes d'œufs
125 g de sucre en poudre
1 boîte de très petites poires au sirop
1 lanière d'orange confite, des amandes effilées, un peu de crème au chocolat
20 g de beurre pour le moule

1 Fais fondre le chocolat au bain-marie. Hors du feu, ajoute la crème fraîche, le sucre et les jaunes d'œufs, mélange bien.

2 Préchauffe le four à 210 °C (thermostat 7). Étale la pâte et garnis-en un plat à tarte à fond amovible beurré. Pique le fond avec une fourchette et fais-le précuire 10 min à mi-hauteur. Puis verses-y la crème en couche lisse, fais cuire encore 25 min, four baissé à 180 °C (thermostat 6). Laisse la tarte refroidir complètement quand elle est cuite.

3 Égoutte les poires. Maquille chacune d'elles avec des amandes effilées pour les oreilles, deux points de chocolat pour les yeux, un pour le museau, et une lanière d'orange confite pour la queue. Dispose les souris sur la tarte en formant une ronde.

Le clin d'œil du Groupe DANONE
Un magnifique gâteau à préparer pour un goûter que tu organises pour tes copains !

Léo, 6 ans
Cassis, Bouches-du-Rhône

« On dit que je suis un intello. C'est pas vrai, je suis super fort en judo ! Bon d'accord, je suis toujours le nez dans mes CD-Roms. Mais quand je surfe sur Internet, c'est surtout pour trouver des sites sur les Simpson... »

Tuiles au miel et aux pistaches

1 Mets 50 g de beurre et le miel dans une casserole, fais chauffer sur feu doux avec l'aide d'un adulte. Quand c'est fondu, retire du feu, ajoute le sucre et la farine et délaye pour obtenir une pâte lisse. Laisse reposer 1 h.

2 Préchauffe le four à 180 °C (thermostat 6). Beurre la tôle du four (20 g).
Déposes-y des petites boules de pâte à la petite cuillère, sans les faire se toucher. Aplatis-les légèrement.
Parsème les pistaches sur la pâte. Enfourne à mi-hauteur et fais cuire 6 min.

3 Pour former des tuiles, décolle les biscuits de la tôle avec une spatule après cuisson et laisse-les refroidir posés sur un rouleau à pâtisserie.

**12 environ
(pour 4 personnes)
Préparation :** 20 min
Repos : 1 h
Cuisson : 6 min

70 g de beurre
50 g de miel d'oranger
50 g de sucre en poudre
50 g de farine
40 g de pistaches mondées concassées non salées

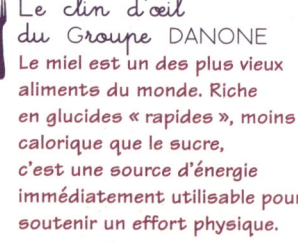

Le clin d'œil du Groupe DANONE
Le miel est un des plus vieux aliments du monde. Riche en glucides « rapides », moins calorique que le sucre, c'est une source d'énergie immédiatement utilisable pour soutenir un effort physique.

Mathilde, 11 ans
Biarritz, Pyrénées-Atlantiques

« Je suis dans une classe bilingue basque-français, alors ça fait un peu de travail en plus. Mais j'ai toujours le temps d'aller jouer au tennis, de faire du surf et d'aller à l'école des Beaux-Arts de Bayonne, où je fais du dessin et de la peinture... J'adore ! »

Oranges caramélisées à la menthe

Pour 4 personnes
Préparation : 20 min
Repos : 30 min

4 oranges
1 sachet de caramel liquide (ou demande à ta maman de faire le caramel avec toi)
1 branche de menthe fraîche
4 boules de glace à la vanille (facultatif)

1 Pèle les oranges à vif, c'est-à-dire en enlevant l'écorce avec sa fine peau blanche, mais aussi la membrane qui recouvre les fruits. Ensuite, coupe-les en rondelles fines en éliminant les pépins et mets-les dans un saladier.

2 Arrose les oranges avec le caramel liquide. Ajoute 8 feuilles de menthe hachées. Mélange bien et mets au frais jusqu'au moment de servir.

3 Au moment du dessert, répartis la salade d'oranges dans des coupes individuelles et décore avec des feuilles de menthe entières. Si tu veux, ajoute une boule de glace à la vanille dans chaque coupe, c'est délicieux.

Le clin d'œil du Groupe DANONE
Voilà un dessert plein de vitamines et modéré en calories ! Une orange suffit à couvrir nos besoins en vitamine C. La vitamine C t'apporte du tonus et aide ton organisme à se protéger.

*Clémentine, 8 ans
Vannes, Morbihan*

« Mon passe-temps favori, c'est d'aller voir les vaches chez mamie. Mais j'aime bien aussi m'occuper des poissons, faire du bricolage et coiffer ma petite sœur. »

Super choco fondant

Pour 6 personnes
Préparation : 20 min
Cuisson : 20 min

200 g de chocolat noir
200 g de beurre +
20 g pour le moule
4 œufs
200 g de sucre
en poudre
80 g de farine

Le clin d'œil du Groupe DANONE
Un gâteau idéal pour un goûter d'anniversaire !
Tu peux aussi le faire cuire dans des petits moules individuels, ce sera cuit plus rapidement.

1 Casse le chocolat en carrés dans un saladier et fais-le fondre au bain-marie ou au micro-ondes avec une cuillerée à soupe d'eau. Dès qu'il est mou, ajoute le beurre en morceaux, laisse fondre et mélange pour obtenir une pâte onctueuse.

2 Préchauffe le four à 210 °C (thermostat 7). Beurre un moule à gâteau. Casse les œufs dans un saladier et bats-les vigoureusement au fouet avec le sucre en poudre. Incorpore la farine, puis la pâte de chocolat. Mélange bien.

3 Verse la préparation dans le moule, enfourne à mi-hauteur et fais cuire 20 min. Quand c'est cuit, laisse tiédir un peu avant de démouler sur un plat.

Camille, 7 ans
Sélestat, Bas-Rhin

« Je suis en CP. Je sais nager depuis la rentrée et je fais de la gymnastique dans un club depuis 2 ans. J'adore jouer avec mes copains et mes parents au Uno, au jeu de l'oie, aux petits chevaux et aux 7 familles. »

Poires hérissons

Pour 4 personnes
Préparation : 20 min
Cuisson : 5 min

2 poires mûres
1 citron
30 g de sucre en poudre
125 g d'amandes effilées
2 cuillerées à soupe de gelée de groseilles
1 cuillerée à soupe de raisins secs
1 rouleau de réglisse (acheté à la boulangerie)

1 Dans une petite casserole, fais bouillir 25 cl d'eau avec le sucre en poudre et le jus du citron. Épluche les poires, coupe-les en deux dans le sens de la longueur, évide le centre à la petite cuillère. Plonge les poires dans ce sirop, fais-les cuire 5 min sur feu doux, puis égoutte-les.

2 Fais chauffer la gelée de groseilles, délayée avec une cuillerée à soupe d'eau dans un bol, 1 min au micro-ondes. Dispose les poires sur des assiettes, nappe-les de gelée.

3 Fais des petites entailles dans les poires pour les piquer avec les amandes effilées comme les piquants du hérisson, et place 4 raisins pour les yeux et les oreilles. Coupe un petit morceau de réglisse pour faire la queue.

Le clin d'œil du Groupe DANONE
La poire est un fruit rafraîchissant avec un apport calorique modéré. Après sa récolte, elle continue à mûrir à température ambiante.

Manon, 10 ans
Vienne, Isère

« Je prends des cours de danse depuis 3 ans. Mais quand je serai grande, je veux être médecin. En attendant, j'invente des jeux avec mes trois frères et sœurs... »

Crêpes à la banane et au chocolat

**12 crêpes
(pour 6 personnes)
Préparation :** 30 min
Cuisson : 30 min

150 g de farine
1 pincée de sel
2 œufs
2 cuillerées à soupe d'huile de tournesol
40 cl de lait
6 bananes
12 barres de chocolat pâtissier
+ un peu d'huile de tournesol pour la pâte

1 Prépare les crêpes : verse la farine dans un saladier, creuse en puits, ajoute les œufs, le sel et l'huile en versant le lait petit à petit. Délaye bien jusqu'à ce que la pâte soit fluide et homogène, sans grumeau.

2 Fais cuire les crêpes dans une petite poêle huilée à chaque fois.

3 Quand les crêpes sont finies, pose une demi-banane et des carrés de chocolat sur la moitié d'une crêpe, replie l'autre moitié par-dessus, recouvre l'assiette avec du film étirable et passe au micro-ondes 1 min à puissance maximale. Fais pareil pour les autres crêpes.

Le clin d'œil du Groupe DANONE
La banane est un fruit tropical qui pousse toute l'année. Il est énergétique car il est riche en glucides et en fibres.

Zoé, 3 ans
Issy-les-Moulineaux, Hauts-de-Seine

« Ma maman dit que je suis coquine et espiègle. Moi, je veux toujours l'aider quand je la vois faire la cuisine, j'adore goûter tout ce qui est nouveau, mmmh, c'est délicieux. Mais j'aime aussi danser, chanter et rire. On m'appelle "Petit clown"... »

Sablés au citron

**Environ 30 sablés
(pour 4 personnes)
Préparation :** 20 min
Repos : 30 min
Cuisson : 12 min

250 g de farine
125 g de sucre en poudre
125 g de beurre + 20 g
1 œuf
1 citron non traité
1 pincée de sel

1 Dans un plat creux, mélange la farine, le sel et le sucre, fais un trou au milieu et casses-y l'œuf. Lave le citron et râpe finement son zeste par-dessus. Mélange à la cuillère de bois, puis ajoute le beurre mou en morceaux et finis de pétrir la pâte à la main. Roule en boule et mets au frais 30 min.

2 Préchauffe le four à 180 °C (thermostat 6). Étale la pâte au rouleau. Découpes-y des ronds à l'aide d'un verre (30 sablés) ou de petits moules. Beurre la tôle du four et disposes-y les sablés.

3 Enfourne à mi-hauteur et laisse cuire 12 min. Décolle les sablés avec une spatule et fais-les refroidir sur un plat.

Le clin d'œil du Groupe DANONE
Tu peux remplacer le citron par de la vanille ou ajouter des pépites de chocolat ou des petites noisettes. Tu peux également les faire de toutes les formes, en cœurs, en étoiles, en losanges ou en lettres !

Laura, 3 ans 1/2
Montmaur, Aude

« J'habite dans une ferme. C'est moi qui m'occupe des lapins de papa et de maman. Je ramasse aussi les œufs des poules avant de les casser dans la farine pour faire de gros gâteaux. »

Gâteau aux noisettes du petit écureuil

Pour 4 personnes
Préparation : 10 min
Cuisson : 15 min

125 g de farine
125 g de sucre en poudre
125 g de poudre de noisettes
1 œuf + 3 blancs d'œufs
100 g de beurre mou
1 cuillerée à café de levure en poudre

1 Préchauffe le four à 210 °C (thermostat 7). Dans un saladier, mélange la farine, le sucre, la poudre de noisettes et la levure. Casses-y l'œuf et ajoute 80 g de beurre mou en morceaux, mélange avec les doigts bien propres. Puis ajoute 3 blancs d'œufs battus en neige bien fermes et mélange délicatement le tout.

2 Beurre un moule à gâteau avec le reste de beurre. Étales-y la préparation, puis enfourne à mi-hauteur et laisse cuire 15 min.

3 Démoule le gâteau juste au sortir du four avec l'aide d'un adulte et laisse-le refroidir complètement.

Le clin d'œil du Groupe DANONE
La noisette est un fruit originaire d'Asie très énergétique. Elle apporte beaucoup de minéraux comme le magnésium et aussi beaucoup de fer, très important pour l'organisme.

Maud, 9 ans 1/2
Messein, Meurthe-et-Moselle

« J'aime bien faire semblant d'être qu'elqu'un d'autre. L'année dernière, j'ai joué plusieurs rôles dans "La Fée chocolat", c'était génial. Mais plus tard, je préférerais faire des bouquets avec plein de fleurs de toutes les couleurs. »

Madeleines

Environ 18 madeleines (pour 4 personnes)
Préparation : 20 min
Cuisson : 15 min

125 g de sucre en poudre
4 œufs
125 g de farine
125 g de beurre et un peu plus pour le moule
1 cuillerée à café d'eau de fleur d'oranger

Le clin d'œil du Groupe DANONE
Les madeleines se conservent une semaine dans une boîte en métal et tu peux les déguster au petit déjeuner et même en proposer à tes parents pour accompagner leur café !

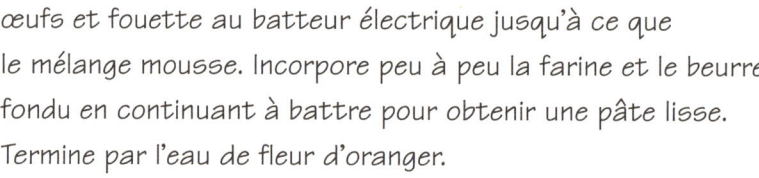

1 Préchauffe le four à 180 °C (thermostat 6). Fais fondre le beurre dans une casserole. Mets le sucre en poudre dans un saladier, casses-y les œufs et fouette au batteur électrique jusqu'à ce que le mélange mousse. Incorpore peu à peu la farine et le beurre fondu en continuant à battre pour obtenir une pâte lisse. Termine par l'eau de fleur d'oranger.

2 Beurre la plaque à madeleines. Remplis les alvéoles aux deux tiers seulement car la pâte va gonfler à la cuisson. Enfourne à mi-hauteur et laisse cuire 15 min à peine en surveillant bien qu'elles ne cuisent pas trop.

3 Renverse les madeleines sur une grille au sortir du four et laisse-les tiédir.

Bertrand, 9 ans, et
François, 10 ans
Coulaines, Sarthe

« On est tous les deux des fous de foot, et quand on joue avec nos copains, on est arrière et gardien. Mais plus tard, on veut être pâtissier et architecte. »

Tarte de Boubou et Nanou

Pour 6 personnes
Préparation : 20 min
Cuisson : 15 à 20 min

1 rouleau de pâte fraîche sablée
1 boîte d'oreillons d'abricots au sirop
75 g de sucre en poudre
1 sachet de sucre vanillé
50 g de Maïzena
3 jaunes d'œufs
50 cl de lait
1 cuillerée à café d'eau de fleur d'oranger

Le clin d'œil du Groupe DANONE
Comme sur la photo, tu peux faire une petite frange avec le bord de la pâte et la replier 1 fois sur 2 pour dessiner un soleil.

1 Préchauffe le four à 210 °C (thermostat 7). Étale la pâte sur la grille du four préalablement recouverte de papier sulfurisé en recourbant les bords. Pique-la avec une fourchette, badigeonne-la avec un jaune d'œuf dilué avec un peu d'eau. Enfourne à mi-hauteur et fais cuire 15 à 20 min.

2 Prépare la crème pâtissière : dans une casserole, mélange le sucre, la Maïzena, le sucre vanillé, l'eau de fleur d'oranger et les jaunes d'œufs restants. Délaye peu à peu avec le lait froid, mets la casserole sur feu doux et fais cuire sans cesser de mélanger à la cuillère en bois jusqu'à ce que la crème épaississe.

3 Sors la tarte du four et fais-la glisser sur un plat. Étale la crème sur la tarte. Dispose les oreillons d'abricots égouttés par-dessus. Laisse refroidir avant de déguster.

Virginie, 8 ans
Saint-Barthélémy-Grozon, Ardèche

« Je fais de la gymnastique sportive en "compet'". Avec ma famille, on adore partir en randonnée. À pied ou à vélo, je rapporte toujours des framboises en été ou des châtaignes à l'automne. Grillées à la poêle, hum quel délice ! »

Petits œufs en chocolat

2 douzaines environ (pour 4 personnes)
Préparation : 30 min

1 paquet de 24 boudoirs
1 jaune d'œuf
50 g de beurre
60 g de chocolat noir
1/2 tasse de vermicelles en chocolat

1 Écrase finement les biscuits, au rouleau à pâtisserie ou au robot avec un adulte. Dans un saladier, fais fondre le chocolat au bain-marie ou au micro-ondes avec 1 cuillerée à soupe d'eau. Ajoute le beurre, puis la poudre de boudoirs et le jaune d'œuf. Mélange bien, à la fourchette, jusqu'à ce que tu obtiennes une pâte lisse.

2 Prélève des cuillerées à café de pâte et façonne-les en forme de petites boules de la grosseur d'une truffe, avec les mains bien propres.

3 Étale les vermicelles de chocolat sur une assiette plate. Roule dessus les boules, puis dispose-les sur un plat et mets-les au réfrigérateur jusqu'au moment de servir.

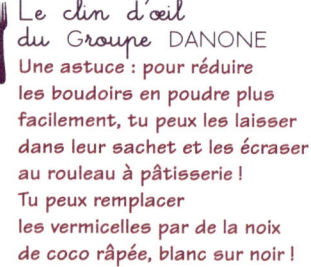

Le clin d'œil du Groupe DANONE
Une astuce : pour réduire les boudoirs en poudre plus facilement, tu peux les laisser dans leur sachet et les écraser au rouleau à pâtisserie ! Tu peux remplacer les vermicelles par de la noix de coco râpée, blanc sur noir !

Lou, 5 ans
Le Cap-Ferret, Gironde

« J'adore le théâtre... et les fêtes aussi. J'aime bien cuisiner avec ma maman, faire des blagues avec ma grande sœur Doudou, conduire ma moto rose, garer la voiture avec mon papaphilou et les câlins ! »

Gâteau au yoghourt à la fraise-fraise des bois

Pour 6 personnes
Préparation : 20 min
Cuisson : 40 min

1 pot de yoghourt
à la fraise des bois
sucre en poudre
(1 pot 1/2)
farine (4 pots)
3 œufs
huile de tournesol
(1 pot)
1 sachet de levure
1 pincée de sel
20 g de beurre

Le clin d'œil du Groupe DANONE
Avec un verre de lait, voilà un gâteau parfait pour ton goûter.
Tu peux faire ce gâteau avec tous les autres parfums de yoghourt.

1 Préchauffe le four à 180 °C (thermostat 6). Vide le pot de yoghourt dans un saladier. Ajoute la valeur d'1 pot 1/2 de sucre, de 4 pots de farine et d'1 pot d'huile, puis les 3 œufs, le sel et la levure. Mélange bien sans faire de grumeaux jusqu'à ce que la pâte soit lisse.

2 Beurre un moule à gâteau. Verses-y la préparation. Enfourne à mi-hauteur et laisse cuire pendant 40 min.

3 Au bout de ce temps, démoule le gâteau sur une grille avec un adulte et laisse-le refroidir complètement avant de le disposer sur un plat de service.

Océane, 8 ans
Chatou, Yvelines

« Depuis que j'ai 3 ans, je fais de la gym, du trampoline et même de la danse avec ma copine Justine. Je mange des croquets à la récré. Mon grand-père Michel, quand il était petit, en mangeait aussi. »

Croquets pour la récré

Entre 16 et 20 croquets (pour 4 personnes)
Préparation : 20 min
Cuisson : 20 min

1 œuf
100 g de farine
100 g de sucre en poudre
100 g de noisettes ou d'amandes mondées
un peu de lait
20 g de beurre

Le clin d'œil du Groupe DANONE
Qui dit récré dit goûter. La composition idéale ? Des biscuits que tu peux partager avec tes copains, un produit laitier et un fruit.

1 Préchauffe le four à 210 °C (thermostat 7). Concasse les noisettes ou les amandes au robot, avec l'aide d'un adulte, puis mets-les dans un saladier avec la farine et le sucre, ajoute l'œuf entier et mélange bien à la cuillère de bois. Ajoute un peu de lait, 2 cuillerées à soupe environ, pour obtenir une pâte lisse.

2 Beurre la tôle du four. Étale la pâte au rouleau en un rectangle d'1/2 cm d'épaisseur et fais-la glisser sur la tôle. Enfourne à mi-hauteur et laisse cuire 20 min.

3 Quand c'est cuit, demande à un adulte de couper le biscuit en bâtonnets de 1,5 cm de largeur. Laisse-les refroidir complètement avant de les manger.

Rémi, 8 ans 1/2
Dijon, Côte-d'Or

« Je joue de la trompette et je fais du solfège.
J'adore jardiner, mais aussi cuisiner.
Ce que je préfère, c'est les pâtes, les frites et
les saucisses. Quand je serai grand,
je serai chef de chantier. »

Chaussons d'abricots à la glace à la vanille

Pour 4 personnes
Préparation : 20 min
Cuisson : 20 à 25 min

1 rouleau de pâte
fraîche brisée
4 petits abricots
40 g de beurre + 20 g
pour la plaque
4 cuillerées à café
de sucre en poudre
1 jaune d'œuf
4 boules de glace
à la vanille

1 Préchauffe le four à 210 °C (thermostat 7). Étale la pâte et coupe-la en 4 carrés. Pique chaque part avec une fourchette. Ouvre les abricots, dénoyaute-les et pose 2 moitiés sur chaque carré de pâte. Répartis le beurre en petits morceaux et le sucre par-dessus. Rabats la pâte dessus en forme de chausson. Badigeonne au jaune d'œuf mélangé avec un peu d'eau.

2 Dispose les chaussons sur la plaque du four beurrée, enfourne à mi-hauteur et fais cuire les chaussons 20 à 25 min, jusqu'à ce qu'ils soient bien dorés.

3 Pour servir, dispose un chausson encore tiède par assiette et accompagne d'une boule de glace à la vanille.

Le clin d'œil du Groupe DANONE
Tu peux verser du chocolat chaud fondu sur les chaussons avec la glace au moment de servir, mmmh un régal !

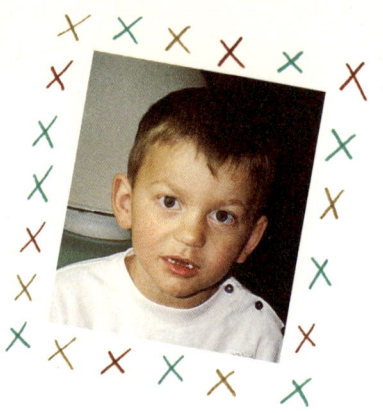

Thomas, 4 ans
Aven-d'Orgnac, Ardèche

« J'adore les Playmobil, les Lego et les jeux d'avion sur ordinateur. À la cuisine, sur mon tabouret, j'aide maman à éplucher les carottes. Je sais grimper sur le tracteur de papa. Quand je serai grand, je conduirai un camion citerne. »

Tarte feuilletée à la banane

Pour 6 personnes
Préparation : 15 min
Cuisson : 45 min

1 rouleau de pâte fraîche feuilletée
4 bananes mûres à point
50 g de cassonade
1/2 cuillerée à café de cannelle en poudre
quelques gouttes d'extrait de vanille liquide
20 g de beurre pour le moule

1 Préchauffe le four à 210 °C (thermostat 7). Déroule la pâte feuilletée dans un moule à tarte beurré et pique-la avec une fourchette.

Garnis la pâte avec les bananes coupées en rondelles, en les faisant se chevaucher légèrement. Poudre avec la moitié de la cassonade et la cannelle, et parfume avec l'extrait de vanille.

2 Enfourne à mi-hauteur et laisse cuire 30 min. Au bout de ce temps, poudre avec le reste de cassonade et laisse cuire encore 15 min, jusqu'à ce que les bananes soient caramélisées.

3 Laisse tiédir la tarte avant de la manger.

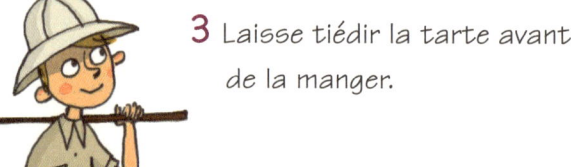

Le clin d'œil du Groupe DANONE
Tu peux aussi faire des tartelettes individuelles et remplacer les bananes par des pommes, selon ton envie !

Bryan, 10 ans
Redon, Ille-et-Vilaine

« Je suis ceinture orange au judo, j'aime beaucoup lire des BD, surtout Titeuf. Et j'aime aussi faire le gâteau au chocolat et les brins d'amour. Sinon j'ai une sacrée collection de timbres dans ma chambre. »

Brins d'amour

12 brins environ (pour 4 personnes)
Préparation : 10 min
Cuisson : 10 min

2 blanc d'œufs
160 g de noix de coco râpée ou de poudre d'amandes
120 g de sucre en poudre

1 Préchauffe le four à 180 °C (thermostat 6). Mets les blancs d'œufs battus en neige dans un saladier, ajoute la noix de coco râpée (ou la poudre d'amandes) et le sucre et mélange soigneusement pour obtenir une pâte homogène.

2 Pose une feuille de papier sulfurisé sur la tôle du four. Déposes-y des petites boules de pâte de la taille d'une grosse noisette. Enfourne à mi-hauteur et fais cuire 10 min.

3 Quand c'est cuit, fais glisser les brins d'amour sur une grille et laisse-les refroidir complètement.

Le clin d'œil du Groupe DANONE
La noix de coco a été rapportée en Europe par Marco Polo. Ce fruit, qui peut peser jusqu'à 6 kg, est riche en lipides, en glucides, en potassium et en phosphore, mais aussi en fibres surtout quand elle est sèche.

Pauline, 8 ans
Roaillan, Gironde

« Je danse depuis que j'ai 3 ans. On dit que je suis une petite étoile… J'adore aussi le vélo et le Trivial Poursuit avec mon grand frère : quand c'est mon tour, il me pose des questions des Incollables. C'est plus facile ! »

Gâteau aux pommes et aux biscottes

Pour 6 personnes
Préparation : 15 min
Cuisson : 45 min

5 pommes rouges acides
80 g de sucre en poudre
1 sachet de sucre vanillé
1 sachet de caramel liquide (ou demande à ta maman de faire 60 g de vrai caramel)
50 g de beurre
4 œufs
6 biscottes briochées
1 cuillerée à café de rhum*
40 cl de lait
20 cl de crème fraîche liquide

1 Préchauffe le four à 180 °C (thermostat 6). Pèle les pommes et coupe-les en lamelles. Fais fondre le beurre dans une poêle, fais-y revenir les pommes avec la moitié du sucre jusqu'à ce qu'elles dorent.

2 Verse le caramel dans un moule à gâteau rond, puis tapisse le fond avec les biscottes briochées. Dans un plat creux, mélange les œufs, le reste du sucre et le sucre vanillé. Ajoute la crème fraîche, le lait et le rhum* et fouette le tout. Verse les pommes sur les biscottes, et nappe-les avec la crème préparée.

3 Enfourne à mi-hauteur et laisse cuire 30 min. Sers tiède.

Le clin d'œil du Groupe DANONE
Sais-tu qu'il existe plus d'une centaine de variétés de pommes différentes ? Dans une pomme, il y a environ 85% d'eau avec de nombreux minéraux comme le potassium.

*L'abus d'alcool est dangereux pour la santé. À consommer avec modération.

Benjamin, 5 ans
Nantes, Loire-Atlantique

« Je suis dans une classe bilingue français-breton et je suis très fort en sport : la gym, le vélo et la piscine, c'est mon truc. Mais, surtout, j'aime faire des câlins à mon poney Kalin. »

Cookies

**12 à 15 cookies
(pour 4 personnes)
Préparation : 20 min
Cuisson : 10 min**

250 g de sucre roux
1/2 cuillerée à café de sel
1/2 sachet de levure
125 g de beurre mou + 20 g
4 jaunes d'œufs
250 g de farine
100 g de pépites de chocolat

1 Préchauffe le four à 210 °C (thermostat 7). Dans un saladier, mélange le sucre, le sel et la levure. Fais un trou au milieu, ajoute le beurre mou et les jaunes d'œufs, mélange en pommade à la cuillère en bois, puis incorpore la farine, et enfin les pépites de chocolat.

2 Beurre la tôle du four (20 g). Déposes-y des petits tas de pâte à la cuillère, sans les faire se toucher. Aplatis-les légèrement.

3 Enfourne à mi-hauteur et fais cuire 10 min. Décolle-les à la spatule au sortir du four et laisse-les refroidir sur une grille.

Le clin d'œil du Groupe DANONE
Tu peux remplacer les pépites de chocolat par des raisins secs.
Si tu ne les manges pas tous le même jour, tu peux les conserver une semaine dans une boite métallique bien fermée.

Damien, 8 ans
Dijon, Côte-d'Or

« J'aime bien jouer avec mon petit frère Arnaud, on fait plein de sport, des jeux et puis on se fait des parties à la console. Dans ma chambre, j'ai une super collection de pierres et de minéraux. »

Grenouilles aux pommes

Pour 6 personnes
Préparation : 30 min
Repos : 2 h
Cuisson : 20 min

Forme de grenouille à découper (p. 110)
1 rouleau de pâte fraîche feuilletée
3 pommes granny smith
100 g de raisins secs
25 cl de jus d'orange
1 jaune d'œuf
1 cuillerée à soupe de lait
1 cuillerée à soupe de farine pour la plaque

1 Fais tremper les raisins secs 2 h dans le jus d'orange.

2 Préchauffe le four à 210 °C (thermostat 7). Étale la pâte et sers-toi du modèle pour découper 6 formes de grenouilles dans la pâte. Pose-les sur la tôle du four farinée. Pique-les avec une fourchette. Badigeonne-les avec le jaune d'œuf mélangé avec le lait.

3 Coupe les pommes en deux verticalement, retire le cœur et les pépins. Remplis le creux avec les raisins et poses-en une sur chaque grenouille, face coupée sur la pâte. Fais les yeux avec des raisins. Enfourne à mi-hauteur et laisse cuire 20 min. Déguste les grenouilles tièdes ou froides.

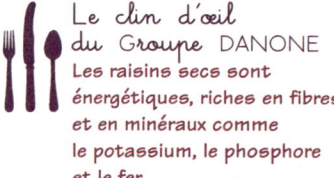

Le clin d'œil du Groupe DANONE
Les raisins secs sont énergétiques, riches en fibres et en minéraux comme le potassium, le phosphore et le fer.

Baptiste, 6 ans
Sanvignes-les-Mines, Saône-et-Loire

« J'adore les bonbons. Je fais du vélo de course en club. J'aime regarder la télévision et jouer dehors. J'aime aussi faire des gâteaux avec maman. Plus tard, je voudrais être dentiste. »

Délice à la Danette

Pour 6 personnes
Préparation : 20 min
Cuisson : 30 min

1 pot de Danette
au chocolat, à la vanille
ou au caramel
2 pots de farine
1 pot de sucre
en poudre
1/2 pot d'huile
3 œufs
1 sachet de sucre
vanillé
1 sachet de levure
20 g de beurre
1 pincée de sel

1 Préchauffe le four à 180 °C (thermostat 6). Beurre un moule à gâteau. Verse la Danette dans un saladier, ajoute 2 pots de farine (en te servant du pot vide de Danette), 1 pot de sucre, le sucre vanillé et la levure.

2 Casse les œufs en séparant les blancs des jaunes. Ajoute les jaunes au contenu du saladier ainsi qu'1/2 pot d'huile, en mélangeant. Monte les blancs en neige avec une pincée de sel et incorpore-les délicatement à la préparation. Verse-la dans le moule.

3 Enfourne à mi-hauteur et laisse cuire 30 min. Démoule sur une grille juste au sortir du four et laisse refroidir complètement.

Le clin d'œil du Groupe DANONE
Tu peux aussi faire ce gâteau en forme de couronne en utilisant un moule avec un trou au milieu. Pour un anniversaire, accompagné de la *Liqueur de coccinelle* (p.104), tu auras beaucoup de succès…

*Olivier, 8 ans,
Cosnes-et-Romain, Meurthe-et-Moselle*

« Je bouge tout le temps : j'aime bien courir et nager. J'ai fait mes premiers pas au bord de la mer et depuis j'y passe toutes mes vacances. C'est en regardant les petits bateaux qui vont sur l'eau que j'ai pensé à faire des bananes en barques... »

Bananes en barques

Pour 4 personnes
Préparation : 10 min

4 bananes
3 cuillerées à soupe de sucre en poudre
1 citron
100 g de fromage blanc
quelques cerises confites
quelques morceaux d'angélique (fruit confit vert)

1 Fends les bananes et retire les fruits délicatement pour que les peaux forment des petites barques.

2 Écrase la chair des bananes en fine purée sur une assiette. Ajoute le sucre en poudre, le jus de citron et le fromage blanc. Mélange bien.

3 Remplis les barquettes avec cette préparation, égalise bien le dessus et décore avec des demi-cerises confites et des petits morceaux d'angélique, en les alternant.

Le clin d'œil du Groupe DANONE
Un goûter idéal : facile et rapide à préparer pour tes copains qui viennent te rendre visite !

Coralie, 10 ans
Aureilhan, Hautes-Pyrénées

« Je fais de la danse jazz, du bricolage et du catéchisme. Plus tard, je veux être kinésithérapeute. J'aime bien jouer à cache-cache et à chat perché. C'est ma mamie Nadette qui m'a appris cette recette. »

Ploum

Pour 4 personnes
Préparation : 20 min
Cuisson : 45 min

250 g de pain sec
200 g de raisins secs
1 grosse pomme coupée en petits morceaux
3/4 l de lait
quelques pincées de cannelle en poudre
6 œufs
150 g de sucre roux
1 infusion de thé
2 cuillerées à soupe de rhum*

Le clin d'œil du Groupe DANONE
Quand le rhum cuit, il perd son alcool, mais attention il ne faut pas en mettre plus de deux cuillerées !

1 Pendant une heure environ, fais gonfler les raisins dans du thé bouillant avec les deux cuillerées de rhum*, puis lorsqu'ils ont bien gonflé, égoutte-les.
Préchauffe le four à 180 °C (thermostat 6).
Mélange le lait, le sucre et la cannelle, fais bouillir le tout. Verse ce mélange sur le pain préalablement émietté dans un saladier et laisse le pain s'en imprégner. Malaxe le mélange à la main pour obtenir une pâte homogène, puis ajoute les raisins, la pomme et les œufs battus. Mélange encore.

2 Huile un moule aux bords assez hauts, verses-y la préparation, poudre avec un peu de sucre roux en surface.

3 Enfourne à mi-hauteur et laisse cuire 45 min.
Laisse tiédir 10 min avant de démouler sur un plat. Tu peux le manger tiède ou froid.

*L'abus d'alcool est dangereux pour la santé. À consommer avec modération.

Victor, 4 ans
Eulmont, Meurthe-et-Moselle

« J'adore préparer de gros gâteaux avec ma maman, mais ce que je préfère, c'est les manger avec ma sœur Marie et mon petit frère Charles. »

Croquettes de pommes panées aux amandes

**8 croquettes
(pour 4 personnes)
Préparation :** 30 min
Cuisson : 10 min

4 pommes
1 citron
50 g de sucre en poudre
2 œufs
2 tranches de pain brioché
15 cl de lait
10 cl de crème fraîche épaisse
1 sachet de poudre d'amandes
1 pincée de cannelle en poudre
4 biscottes
50 g de beurre
1 cuillerée à soupe d'huile de tournesol

1 Pèle les pommes et râpe-les dans un saladier. Mélange avec le jus du citron et le sucre. Ajoute les œufs battus, puis le pain brioché trempé dans le lait et égoutté, la crème, 2 cuillerées à soupe de poudre d'amandes et la cannelle. Mélange bien à la fourchette en écrasant le tout.

2 Divise la pâte en 8 portions et façonne-les en forme de croquettes. Émiette les biscottes sur une assiette et mélange avec le reste de poudre d'amandes. Roule les croquettes dans ce mélange et aplatis-les un peu.

3 Fais chauffer le beurre et l'huile dans une poêle et fais-y dorer les croquettes sur leurs deux faces. Retire-les à l'écumoire et mets-les sur un plat. Ces croquettes peuvent se déguster chaudes ou froides.

Le clin d'œil du Groupe DANONE
Tu peux remplacer les biscottes par 4 cuillerées à soupe de chapelure.

*Mélody, 9 ans
Labège, Haute-Garonne*

« La peinture, le tennis, j'adore !
Mais ce que je préfère, c'est le théâtre. L'année
dernière, on a fait un atelier sorcières
où j'ai inventé la Liqueur de coccinelle,
plus jolie que la bave de crapaud !
J'ai un chat noir Pepsi,
un terre-neuve Oranka. »

Liqueur de coccinelle

**Pour 6 personnes
Préparation :** 20 min

1 pastèque
3 cuillerées à soupe
de grenadine
feuilles vertes
(de lierre)
élastiques, raphia

1 Ouvre la pastèque, coupe la chair en cubes en éliminant toutes les graines (les points noirs de la coccinelle). Passe la chair au mixeur avec l'aide d'un adulte, puis filtre-la à travers une passoire fine pour recueillir tout le jus.

2 Verse le jus de pastèque dans un grand broc, ajoute la grenadine, mélange bien. Mets au frais.

3 Prépare les verres : entoure-les avec les feuilles de lierre en les maintenant à l'aide d'élastiques ou de raphia, plus joli. Répartis la liqueur de coccinelle dans les verres décorés. Sers bien frais.

**Le clin d'œil
du Groupe DANONE**
Voilà une boisson bien rouge
qui va hydrater ton organisme et
va t'apporter plein de vitamines
(vitamine C, vitamine B
et du béta-carotène).
Sais-tu qu'en Russie, on utilise
de la pastèque pour faire
de la bière ?

*Alexia, 6 ans
Versailles, Yvelines*

« Avant, je faisais du vélo. Après, de la trottinette. Maintenant, je ne fais que du roller ! J'adore aller à l'école et au cinéma où je mange du pop-corn. J'aimerais bien faire de la poterie mais il paraît que je suis encore trop petite ! »

Milk-shake aux fruits rouges

Pour 4 personnes
Préparation : 10 min

500 g de fruits rouges mélangés
(fraises, framboises, fraises des bois)
4 sachets de sucre vanillé
1 l de lait
8 boules de glace à la vanille

Le clin d'œil du Groupe DANONE
Le milk-shake, c'est excellent pour les enfants comme pour les parents : c'est du lait pour le calcium et des fruits pour les vitamines. Avec quelques biscuits, c'est un goûter parfait.

1 Lave délicatement les fraises, équeute-les, fais rouler les framboises sur un linge humide.

2 Mets les fruits rouges dans le mixeur avec le sucre vanillé, le lait bien froid et les boules de glace à la vanille. Ferme le mixeur et mets-le en marche avec l'aide d'un adulte. On peut mettre plus de lait ou plus de glace, ce qui rend le milk-shake très mousseux.

3 Pour servir, répartis dans deux grands verres et sers avec des pailles. Il faut boire le milk-shake aussitôt.

Au menu

Préface de Bixente Lizarazu — p. 5
Avant-propos — p. 6 et 7

Entrées

Sarahlade de Sarah — p. 8
Tomates de la forêt de David — p. 10
Soupe de sorcière d'Erwan — p. 12
Petits roulés d'Alix — p. 14
Pizzas minute de Marine — p. 16
Taboulé de Camille — p. 18
Petits carrés sucrés-salés de Hugo — p. 20
Crème de tomates d'Orlane — p. 22
Petits poissons de saumon fumé de Jérémie — p. 24
Tomates façon Kelly de Kelly — p. 26

Plats

Croque-bonhomme de Jordane — p. 28
Tortilla de Titi de Thymiane — p. 30
Tourte du petit pêcheur de Clémentine — p. 32
Brochettes de poulet mariné de Marina — p. 34
Lapin en papillotes de Thomas — p. 36
Galettes complètes à l'œuf et au jambon de Hugo — p. 38
Cake au thon et aux olives d'Alexandre — p. 40
Escalopes tricolores de Fulvia — p. 42
Macaronis au lit d'Antoine — p. 44
Petite pêche aux cornichons de Julie — p. 46
Pizza papillon de Mathieu — p. 48
Escalopes biscottées de Valentin — p. 50
Omelette pas bête de Florian — p. 52
Courgettes gratinées au jambon fumé de Patrick — p. 54
Hachis Parmentier de Grégory — p. 56

Desserts

Ronde des souris de Maëva — p. 58
Tuiles au miel et aux pistaches de Léo — p. 60
Oranges caramélisées à la menthe de Mathilde — p. 62
Super choco fondant de Clémentine — p. 64
Poires hérissons de Camille — p. 66
Crêpes à la banane et au chocolat de Manon — p. 68
Sablés au citron de Zoé — p. 70
Gâteau aux noisettes du petit écureuil de Laura — p. 72
Madeleines de Maud — p. 74
Tarte de Boubou et Nanou de Bertrand et François — p. 76
Petits œufs en chocolat de Virginie — p. 78
Gâteau au yoghourt à la fraise-fraise des bois de Lou — p. 80

Croquets pour la récré d'Océane   p. 82

Chaussons d'abricots à la glace
à la vanille de Rémy   p. 84

Tarte feuilletée à la banane de Thomas   p. 86

Brins d'amour de Bryan   p. 88

Gâteau aux pommes et aux biscottes
de Pauline   p. 90

Cookies de Benjamin   p. 92

Grenouilles aux pommes de Damien   p. 94

Délice à la Danette de Baptiste   p. 96

Bananes en barques d'Olivier   p. 98

Ploum de Coralie   p. 100

Croquettes de pommes panées
aux amandes de Victor   p. 102

Boissons

Liqueur de coccinelle de Mélody   p. 104

Milk-shake aux fruits rouges d'Alexia   p. 106

Découpes

Formes de petit poisson
et de grenouille   p. 110

grenouille

poisson

Rédaction :

Tous les enfants :

Sarah, David, Erwan, Alix, Marine, Camille, Hugo, Orlane,
Jérémie, Kelly, Jordane, Thymiane, Clémentine,
Marina, Thomas, Hugo, Alexandre, Fulvia, Antoine, Julie,
Mathieu, Valentin, Florian, Patrick, Grégory,
Maëva, Léo, Mathilde, Clémentine, Camille, Manon, Zoé,
Laura, Maud, Bertrand et François, Virginie, Lou,
Océane, Rémy, Thomas, Bryan, Pauline, Benjamin, Damien,
Baptiste, Olivier, Coralie, Victor, Mélody, et Alexia
(dans l'ordre d'apparition des recettes)

et Vanessa Pignarre

Chefs de projet :
Clémence Beck, Béatrice Cayol - Groupe DANONE

Journaliste gastronomique :
Blandine Vié

Journaliste pour enfants :
Caroline Pollet

Conseils nutritionnels :
Armelle Dardaine - Groupe DANONE

Illustrations :
Lucie Durbiano

Direction artistique :
Marc Walter / Chine

Photographie des recettes :
Marc Walter

Stylisme :
Catherine Donzel

Réalisation maquette / Mise en page :
Florence Cailly / Chine